SUA ALTEZA IMPERIAL E REAL

MARIA ANTONIA DE HABSBURGO BOURBON

QUE MOROU E MORREU EM PORTO ALEGRE

SUA ALTEZA IMPERIAL E REAL

MARIA ANTONIA DE HABSBURGO BOURBON

QUE MOROU E MORREU EM PORTO ALEGRE

Franklin Cunha

70

Sua Alteza Imperial e Real Maria Antonia de Habsburgo Bourbon que morou e morreu em Porto Alegre

© Almedina, 2024

AUTOR: Franklin Cunha

DIRETOR DA ALMEDINA BRASIL: Rodrigo Mentz

EDITOR: Deonísio da Silva

ASSISTENTES: Mary Ellen Camarinho Terroni, Michele Roberta Rosa e Silva

PRODUTORA EDITORIAL: Erika Alonso

ASSISTENTES EDITORIAIS: Letícia Gabriella Batista e Tacila Souza

ESTAGIÁRIA DE PRODUÇÃO: Natasha Oliveira

REVISÃO: Daboit Textos

CONCEPÇÃO GRÁFICA: Eduardo Faria/Officio

SUPERVISÃO GERAL: Deonísio da Silva e Marco Pace

ISBN: 9786554272537

Abril, 2024

Dados Internacionais de Catalogação na Publicação (CIP)
(Câmara Brasileira do Livro, SP, Brasil)

Cunha, Franklin
Sua Alteza Imperial e Real Maria Antonia de Habsburgo Bourbon que morou e morreu em Porto Alegre / Franklin Cunha. -- São Paulo : Edições 70, 2024.

ISBN 978-65-5427-253-7

1. Brasil - História 2. Brasil - História - Império 3. Família real portuguesa I. Título.

24-198125 CDD-981.04

Índices para catálogo sistemático:
1. Brasil : Império : História 981.04
Eliane de Freitas Leite - Bibliotecária - CRB 8/8415

Este livro segue as regras do novo Acordo Ortográfico da Língua Portuguesa (1990).

EDITORA: Almedina Brasil
Rua José Maria Lisboa, 860, Conj.131 e 132, Jardim Paulista
01423-001 São Paulo | Brasil

www.almedina.com.br

A triste história de uma princesa em Porto Alegre

ERA UMA VEZ uma bela princesa da casa da Áustria. Ela era alteza e real arquiduquesa e se chamava Maria Antonia. Era noiva de um nobre, mas apaixonou-se por um pianista argentino que tocava em Schönbrunn, Dom Luis. Obediente aos costumes da corte, casou-se com um nobre. Precisou fugir da Áustria por causa da I Guerra Mundial e refugiou-se com sua já grande família junto a seu tio, o Rei da Espanha. Ninguém sabe por que lá não ficou, mas deve ser porque seu marido havia morrido na Guerra Civil. Deixou sua família e foi para a Argentina, onde os deuses do amor jogaram em seus braços o belo pianista argentino que tinha virado arquiteto. Os dois casaram e vieram para Porto Alegre, onde queriam ficar ricos construindo prédios. Não deu certo e ele voltou a ser pianista, tocando em bares, mas cedo morreu. A princesa, viúva duas vezes, ficou muito pobre. Abandonada pela família real, teve que catar comida no lixo do Mercado Público. Morreu de câncer em 1977.

FRANKLIN CUNHA

SUMÁRIO

Introdução 9

I O romântico encontro de Don Luis Perez Sucre com a Arquiduquesa Maria Antonia 11

II Alguns dados históricos 13

A genealogia da Casa de los Borbones da Espanha 13

Dinastia Carlista da Espanha 13

Carlismo 14

Mapa do Carlismo 15

Guerras Carlistas 16

Primeira Guerra Carlista (1833-1840) 16

Segunda Guerra Carlista (1846-1849) 18

Terceira Guerra Carlista (1872-1876) 18

III Situação e importância histórica da Arquiduquesa Maria Antonia de Habsburgo Bourbon, também conhecida como Maria Antonia Erzherzogin Von Österreich 21

Início da vida de Maria Antonia 22

Como a Arquiduquesa veio parar em Porto Alegre 32

A segunda viuvez da Arquiduquesa e seu triste destino 34

IV Quem era e quem foi a Arquiduquesa 37

A linhagem genealógica nobre da Arquiduquesa Maria Antonia 40

V O final da vida de Maria Antonia 44

Introdução

NA DÉCADA DE CINQUENTA, estudando no Colégio Estadual Júlio de Castilhos, morava numa pensão situada na avenida Independência, 980, onde hoje existe um banco. Tratava-se de uma das antigas mansões que se alinhavam de um lado e outro da outrora elegante avenida. Ainda hoje sobram algumas como a Casa Torelli, onde está situada a Secretaria de Cultura, e a mansão que pertenceu ao Reitor Eliseu Paglioli.

Dividia um quarto com um amigo, grande leitor e musicólogo e, enquanto estudávamos, ouvíamos no radinho Victor, modelo Q 10, a rádio SODRE de Montevideu, a rádio da Universidade recém-inaugurada e alguns discos emprestados por amigos mais abastados que residiam naquele elegante bairro dos Moinhos de Vento. Estudantes de poucos recursos, vivíamos naquele quartinho de duas camas, armário, mesa, cadeira, de pouca luz e que dava para um corredor, antiga passagem para os carros da família proprietária do imóvel. No quarto à esquerda do nosso morava um casal que aguçava nossa curiosidade, já que ora falavam em alemão – quando brigavam – ora em espanhol, quando falavam amenidades de sua vida corrente. Viviam isolados, limitando-se a um "buenos dias" no café da manhã, um "buenas tardes" ao almoço e nada mais.

Numa manhã de domingo, ainda sonolentos pela noitada anterior, ouvíamos um concerto de Brahms na vitrola que tínhamos ganhado de Don Garcia, um espanhol antifranquista, que passava os filmes no cinema Rival, situado lá no fim de linha do bonde Independência, quase em frente à igreja. Despertou-nos uma batida à porta e ficamos surpresos ao ver que era nosso vizinho de quarto que pediu licença para entrar. Logo sentou na única cadeira existente e nos disse, desculpando-se, que se atrevera a nos visitar, pois exatamente aquele concerto ele o tinha executado em 1914 na capital do Império Austro-Húngaro, Viena. Percebendo, é óbvio, nossa incredulidade, foi ao seu quarto e nos trouxe os jornais e programas musicais, amarelados e quase em frangalhos, noticiando que "O jovem concertista argentino Don Luis Fernando Perez Sucre se apresentou ontem à noite no Palácio Schönbrunn e, diante da família real, executou de forma brilhante o concerto de piano número 2 em Si Bemol Maior de Johannes Brahms", os quais confirmavam sua atividade pianística naquela ocasião e naquela cidade. E, a partir desse concerto e dessa visita ao nosso quarto, passamos a tomar conhecimento da vida pregressa de nossos vizinhos.

I

O romântico encontro de Don Luis Perez Sucre com a Arquiduquesa Maria Antonia.

REALMENTE, DON LUIS, como passamos a chamá-lo daí em diante, viveu em Viena, pois era filho do embaixador da Argentina junto à corte do Imperador Francisco José e da famosa e romântica Imperatriz Sissi, soberanos do poderoso e vasto Império Austro-Húngaro de 1867 a 1916. Pois num dos bailes nos feéricos salões imperiais, dançando ao som de uma valsa de Strauss, é que o jovem e belo arquiteto argentino com 18 anos conheceu Sua Alteza Imperial e Real Arquiduquesa Maria Antonia Roberta Blanka Leopóldine Beatrix Margarida Karolione Josepha, Raphaele Michaele Ignatia Aurélia de Habsburg-Bourbon, Pricesse Imperiale d'Austriche-Toscane, Princesse Royale de Hongrie e de Bohémee Habsburg Bourbon, com apenas 15 anos, agora minha vizinha de quarto de pensão na avenida Independência 980, entre os anos de 1952 e 1956.

Pois, Don Luis, que já vira Maria Antonia em outras festas palacianas, nessa noite do baile, afoitamente, como legítimo portenho, atreveu-se a pedi-la em casamento. Delicadamente, como cabia a uma nobre Habsburgo, esta informou-lhe que já estava comprometida com um jovem pertencente a outra família nobre. E, pedindo desculpas, disse-lhe que não concederia mais outra valsa, pois isso poderia significar, nos costumes da corte, um certo grau de comprometimento afetivo e social.

Com a derrocada do Império Austro-Húngaro no turbilhão da primeira guerra mundial, a família da Arquiduquesa mudou-se para a Espanha onde, em Barcelona, passaram a morar numa "finca" cedida pelo rei Afonso XII, um Bourbon, portanto parente de Doña Blanca, mãe de Maria Antonia. Esta, em 1924, casou-se com o marquês espanhol Don Ramon Orlandis y Villalonga, indo morar em Palma de Mallorca, onde tinham propriedades.

II
Alguns dados históricos

A genealogia da "Casa de los Borbones" da Espanha

A Arquiduquesa Maria Antonia pertencia ao ramo carlista da nobreza espanhola, ramo este que sempre disputou a coroa real da Espanha com o ramo alfonsista ao qual pertence o atual rei Juan Carlos.

Dinastia carlista da Espanha

Começa com Don Carlos Maria Isidro de Borbón y de Borbón, que era filho de Don Carlos IV. Como não quis reconhecer o testamento de seu irmão Don Fernando VII que, por falta da sucessão masculina, entregava a coroa da Espanha para sua filha Doña Isabel II, declarou-se com o direito de assumi-la em 1833. Foi reconhecido por seus partidários como Carlos V da dinastia carlista e, como consequência dessa decisão, provocou três guerras civis, as chamadas "Guerras Carlistas", uma intensa disputa pelo trono espanhol entre carlistas, alfonsistas ou cristinos (por apoiarem a regente Maria Cristina).

Don Carlos casou-se duas vezes e teve vários filhos, entre eles Don Carlos-Luis de Borbón y Braganza, Conde de Montemolin, Carlos VI da dinastia.

Do segundo matrimônio, Carlos VI teve como filhos Don Carlos Maria de Borbón y Áustria-Este, Duque de Madrid,

Carlos VII da dinastia e Doña Blanca de Borbón y Borbón-Parma, nascida em 1868 e que, casando-se com o Arquiduque Leopoldo Salvador de Habsburgo-Lorena, teve, entre outros filhos, a Arquiduquesa Maria Antonia, nossa biografada.

Carlismo

Carlismo é designação dada ao movimento político legitimista de caráter antiliberal e antirrevolucionário surgido em Espanha no segundo quartel do século XIX que pretendia o estabelecimento no trono espanhol de um ramo alternativo da dinastia dos Bourbons e que, nas suas origens, defendia o regresso ao Antigo Regime. A designação de carlismo, muito como a sua correspondente portuguesa de miguelismo, deriva do nome do infante Carlos de Bourbon, que encabeçou a contestação absolutista e legitimista na fase inicial do movimento. A intensa disputa pelo trono espanhol entre carlistas, alfonsistas ou cristinos (por apoiarem a regente Maria Cristina) deu origem a três guerras civis, denominadas Guerras Carlistas.

Mapa do Carlismo

Guerras Carlistas

Guerras Carlistas é o termo empregado para as três violentas contendas ocorridas no século XIX na Espanha entre os carlistas, partidários de Carlos María Isidro de Borbón, e a governação de Isabel II de Espanha, sua sobrinha.

A princípio denominadas guerras civis, quando fracassou o golpe de estado de 18 de julho de 1936 contra a Segunda República e teve início uma guerra civil bem mais violenta e destrutiva que as anteriores, adotou-se o conceito de Guerras Carlistas para as do século XIX e reservou-se Guerra Civil para a sucedida entre 1936 e 1939.

Primeira Guerra Carlista (1833-1840)

O infante Carlos María Isidro era o auto-proclamado Rei com o nome de Carlos V.

A Primeira Guerra Carlista foi uma guerra civil que se desenvolveu em Espanha de 1833 a 1840 entre os partidários do infante Carlos María Isidro de Borbón, conhecidos como carlistas e partidários de um regime absolutista; e os de Isabel II, partidários de um regime liberal e denominados cristinos por apoiar a regente María Cristina.

O infante Carlos María Isidro, auto-proclamado Rei, com o nome de Carlos V.

Segunda Guerra Carlista (1846-1849)

A Segunda Guerra Carlista ou Guerra dos Matiners (em português, madrugadores, referência a que as batalhas fustigavam as tropas nas primeiras horas da manhã) teve lugar fundamentalmente na Catalunha entre Setembro de 1846 e Maio de 1849 devido, pelo menos teoricamente, ao fracasso das tentativas de casar Isabel II com o pretendente carlista, Carlos Luis de Borbón, matrimônio pretendido por diferentes setores. No entanto, Isabel II acabou por se casar com o seu primo Francisco de Assis de Borbón.

Terceira Guerra Carlista (1872-1876)

A Terceira Guerra Carlista desenvolveu-se de 1872 a 1876, entre os partidários de Carlos, duque de Madrid, pretendente carlista com o nome de Carlos VII, (avô da Arquiduquesa Maria Antonia) e as governações de Amadeo I, da I República e de Afonso XII (avô do atual rei da Espanha, Juan Carlos).

O pretendente Carlos VII, (avô de Maria Antonia) num desenho da revista Vanity Fair de 1876.

O pretendente, que havia meses preparava a insurreição a partir do exílio, estabeleceu o dia 21 de Abril de 1872 como a data para o começo da sublevação.

Essa guerra carlista desenvolveu-se sobretudo no País Basco e Navarra. A restauração dos Foros pelo pretendente, em Julho de 1872, abolidos pelos decretos da Nova Planta por Felipe V, influiu na força do levantamento na Catalunha e, em menor medida, em Valência e Aragão, além de alguns apoiadores pouco ativos na Andaluzia. No resto do território peninsular, especialmente em áreas montanhosas, praticavam o banditismo, ante a sua marginalidade e escassa eficácia em estabelecer um vínculo com o povo que facilitasse a sua atividade guerrilheira.

III

Situação e importância histórica da Arquiduquesa Maria Antonia de Habsburgo Bourbon também conhecida como Maria Antonia Erzherzogin Von Österreich

SE, DESSAS GUERRAS CARLISTAS, estes fossem os vencedores, Carlos VII seria, naturalmente o rei da Espanha.

Ao conhecer esses sangrentos episódios da luta pelo poder monárquico na Espanha, damo-nos conta que, estando em vigor a Lei Sálica, que impedia que mulheres fossem rainhas, o irmão mais velho de Maria Antonia, Don Jaime Raniero, neto de Carlos VII, é que assumiria o trono espanhol, mas ele morreu cedo, sem deixar descendentes. Então, integrantes do movimento carlista, reunidos em Pamplona, tentaram abolir a Lei Sálica para que uma das filhas de Doña Blanca pudesse assumir o poder real. E uma delas poderia ter sido a Arquiduquesa Maria Antonia, minha vizinha de quarto na pensão de seu Abel e dona Júlia Reginatto na década de 50 do século passado.

Início da vida de Maria Antonia

Maria Antonia com 13 anos em Viena.

Outra imagem de Maria Antonia,
com 13 anos, em Viena.

Maria Antonia com 4 anos.

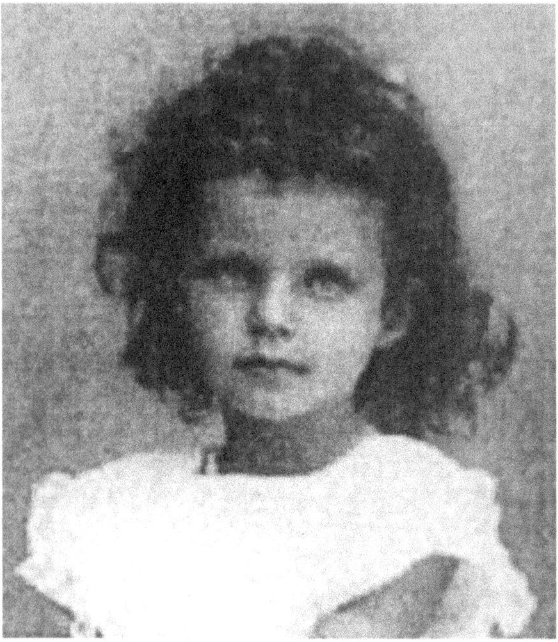

Maria Antonia com 4 anos, detalhe da foto anterior.

Maria Antonia com 5 anos e dois de seus irmãos.

Família de Maria Antonia. No alto, ela abraça a mãe.
Acima, ela está à esquerda, apoiada à cadeira do irmão.

Casamento da Arquiduquesa Maria Antonia com o Marquês Espanhol Ramon Orlandis y Villalonga em 1924.

A felicidade durou pouco para o jovem casal, pois logo no começo da guerra civil espanhola, em 1936, lutando ao lado dos franquistas, Don Ramon foi morto. Maria Antonia, diante das incertezas da guerra, já com cinco filhos, foi morar na Argentina, afetuosamente acolhida por influentes amigos carlistas que reivindicavam, como o fazem até hoje, o trono espanhol.

A revista portenha Atlântida, n° 911, pgs 20 e 56 de dezembro de 1942, assim registrou o fato:

"Há llegado a Buenos Aires, com el propósito de radicarse em esta ciudad, la princesa Blanca de Borbón, hija de Carlos de Borbón, proclamado por el gran consejo carlista de Londres (Julio de 1868) como S.M.C. Don Carlos VII, Rey de España. He aqui em doña Blanca de Borbón uma princesa da la más antigua realeza europea, miembro da La família de los Habsburgo. Don Carlos su padre, contrajo núpcias com doña Margarida de Este, hija de La duquesa de Parma. Doña Blanca, por su vez, se caso en 1889 com el archiduque de Áustria, Leopodo Salvador de Habsburgo-Lorena, Alteza Imperial y Real de Hungria y Bohenia, fallecido em Viena, año 1931. La princesa Blanca viene acompañada de su hija Maria Antonia, princesa imperial e arquiduquesa de Áustria, princesa real de Hungria e de Bohemia, dama de La Cruz Estrellada. Es viuda del marqués Ramon Orlandis y Villalonga e viene acompañada de sus quatro hijas"

He aqui em doña Blanca una princesa de la más antigua realeza europea, un miembro de la família de los Habsburgo. Su padre, Carlos Maria de los Dolores, Juan, Isidro, José, Miguel, Rafael de Borbón y de Áustria Este nació em Viena y murió em Julio de 1909, en Varese, Itália". Doña Blanca, su hija, es la heredera legítima de esta aristocracia y de esta inteligencia.

Nació em Áustria y educada em Francia y Florência, conoce casi todos los países del mundo y los ha vivido experimentando el placer de toda beleza. Doña Blanca es dama de La Orden de La Cruz Estrellada y Dama de Honor de La Orden Bávara de Santa Elizabeth "Aqui nos quedaremos- anadió la archiduquesa Maria Antonia, su hija.-

- Estoy convencida de haber escogido un país extraordinário para el futuro de mis hijos en los que habré de preocuparme de su educación y de su formación espiritual. Por su parte, las quatro hijas de Orlandi y Maria Antonia que florecen con toda la clásica belleza de los Habsburgo - ojos claros, fino perfil, cabellos rubios – se han incorporado ya a colégios de Buenos Aires, donde cultivan, en el idioma de sus mayores la alegria de aprender."

A princesa Real e Imperial Doña Blanca de Bourbon filha de Carlos VII em sua chegada em Buenos Aires (1942).

Chegada em Buenos Aires (1942) de Doña Blanca de Bourbon e da Arquiduquesa Maria Antonia(de pé, ao lado esquerdo de sua mãe) e suas quatro filhas.

Em Buenos Aires, Maria Antonia reencontrou-se finalmente com seu apaixonado par dos bailes da corte vienense, o agora arquiteto Don Luis Perez Sucre. Nesse mesmo ano, casou-se com ele em Montevidéu, onde Don Luis se refugiara por ser antiperonista.

Como a Arquiduquesa veio parar em Porto Alegre

No início da década de 50 houve um surto de construção civil em Porto Alegre, devido principalmente ao fenômeno de urbanização das populações rurais deslocadas de suas pequenas e médias propriedades tomadas pelas lavouras de soja do "agrobusiness", instalado principalmente no planalto médio de nosso estado. Uma empresa imobiliária se destacou no negócio, comandada por um uruguaio chamado Symcha Princ. Na esteira dele, vieram dar com os costados em Porto Alegre Don Luis e sua esposa, a Arquiduquesa que, com um pequeno capital que lhes restava, se aventuraram no mercado imobiliário gaúcho. Mas, como as crises dessa atividade capitalista são conjunturais e recorrentes, já na metade da década a situação se inverteu, houve uma recessão econômica e, para resumir, os novos empreendedores perderam todo seu dinheiro. E aí foram morar na pensão do seu Abel e Dona Júlia Reginatto, onde eu os conheci, situada na avenida Independência 980, onde hoje está um banco, bem em frente do palacete do Dr. Eliseu Paglioli.

Fizemos amizade com o casal nosso vizinho de quarto e a proximidade geográfica era tanta que os ouvíamos falar entre eles e conosco em espanhol e discutir, às vezes asperamente, em alemão. Ambos tinham uma grande dose de cultura europeia. Ele falava, além do espanhol, alemão e francês, e ela todos esses idiomas mais o sérvio-croata, o inglês e tinha conhecimentos do húngaro com suas estranhas maneiras de exprimir o plural e os numerais. De música, literatura, pintura, escultura, história e arte em geral, ambos tinham profundos e vastos conhecimentos. Não raro, divergiam diante de nossas indagações, depois de trocarem suas opiniões em alemão, que logo percebemos ser o idioma base de sua cultura.

Naquela altura, Don Luis ganhava a vida tocando piano em clubes noturnos, mas principalmente no Clube da Chave, a famosa e saudosa boate do Ovídio Chaves. "Casablanca" era um filme recente e Don Luis executava, a pedido, várias vezes durante a noite a canção "As Time Goes By". Nos intervalos, às vezes, dele se aproximava um jovem que lhe pedia para dedilhar estranhos e desconhecidos acordes que em seguida executava no violão, embora alguns dos frequentadores não gostassem. O jovem que Luis Telles, o ex-violonista do Quitandinha Serenaders, albergou em Porto Alegre durante um ano e que depois ficou internacionalmente famoso era, na época, conhecido como Joãozinho e hoje como João Gilberto, o bossanovista mais famoso do mundo.

A Arquiduquesa quase não falava de seu passado, embora deixasse escapar que não gostava dele e que tinha algum ressentimento em relação a seus familiares que ficaram na Espanha e que retinham alguns de seus bens, ainda que sempre recebesse alguma ajuda deles. Ficamos sabendo posteriormente pelos donos da pensão que o casal tinha dificuldades em pagar a mensalidade completa, por isso dispensaram as refeições e passaram a pagar somente o aluguel do quarto. Então, às vezes, Don Luis, muito a contragosto, nos pedia emprestado alguns trocados com os quais comprava leite e pão no armazém do italiano Genaro Laitano, na avenida Independência quase esquina da rua Santo Antônio.

A segunda viuvez da Arquiduquesa e seu triste destino

A situação da Arquiduquesa piorou a partir da morte de Don Luis, em 1955, que foi enterrado em Canoas. Ela, então, mudou-se para uma modesta casa no bairro Belém Velho, onde morou sozinha, durante alguns anos. Depois, com o dinheiro obtido com a venda de alguns objetos da família que ainda guardava, comprou uma pequena casa de madeira em Canoas, mais especificamente em Niterói, situada na rua Minas Gerais.

Lá a encontrou e a entrevistou em 26 de junho de 1976 um repórter de Zero Hora, para o qual ela falou mais do que estava habituada e do que se permitia.

Episódio que ela não contou, mas que devemos relatar para se entender sua personalidade, é que uma de suas filhas, Blanca, residente em Madri, veio buscá-la. Vestiu-a, colocou-a num hotel e, quando estavam dentro do avião, na cabeceira da pista, Maria Antonia começou a gritar e a dizer que a estavam raptando. Com isso o avião regressou ao pátio de estacionamento e a Arquiduquesa voltou para o seu casebre de Niterói. Quando o repórter se referiu ao fato, ela não deu muitas explicações. Apenas se lamentava de haver muitas guerras na Europa e que o que ela desejava era estar em paz.

Acariciando sua cadelinha Laica, única amiga no momento, lembrava: "*Me acuerdo de mi padre Leopold Salvador que siempre decia: és mejor tener um perro amigo que cien amigos perros*".

Na ocasião falou também da Espanha :

"*Franco... ruin, mucho ruin. Al hacer la revolución prometió llevar al trono de España a un príncipe del ramo carlista*" do qual Maria Antônia descendia.

"*Mentió. No hizo nada de esto. El era tan ruin que su hermana salió de Espanha quando el llegó al poder. Ella también sabia de la ruindad de el*".

E acrescentou :

"*O rei Juan Carlos? Um bobo. Quien deveria estar reinando era mi hermano más viejo*". (Don Raniero de Habsburgo--Lorena y Bourbon, nascido em 1895 e que nunca se casou).

Segundo o jornalista, a Arquiduquesa demonstrava certos temores de perder algo que, talvez, a nobreza familiar não lhe proporcionava, ou seja: a liberdade de poder fazer o que quisesse. Não demonstrava saudade nem vontade de voltar aos ambientes finos e requintados onde viveu sua juventude. E não dava nenhuma importância aos títulos reais de nascimento:

"*Yo quiero paz*", murmurou a nobre espanhola da casa real dos Bourbons e dos Habsburgos.

Sua face enrugada aviva-se um pouco ao recordar os tempos felizes em Buenos Aires, onde morava no bairro Belgrano. Depois morou em Montevideu, já casada com Don Luis Perez Sucre. Disse que não gostou da capital uruguaia, tanto que de lá saíram para vir ao Brasil. Também não gostava do povo alemão, embora fosse de origem germânica.

Ao repórter, Maria Antônia confidencia:

"*Mira, encontrar amigos es una dificultad. Fuera del país de origen, no es fácil para nosotros relacionarnos. Los otros siempre tienen miedo de la concurrencia*".

Por um momento a Arquiduquesa sorri, mostrando seus dentes escuros e amarelado pelo uso de cigarros. Apesar da idade – dizia o entrevistador – seus traços demonstram que foi uma adolescente e uma mulher bonita.

IV
Quem era e quem foi a Arquiduquesa

SEGUNDO O LIVRO DE GHOTA, a anuário de registro da nobreza europeia, Maria Antonia, Arquiduquesa da Áustria, também conhecida como Maria Antonia Erzherzogin von Österreich, nasceu em Zagreb, Croácia, no ano de 1900. Casou-se em 1924 em primeiras núpcias com o nobre espanhol marquês Don Ramon Orlandis y Villalonga , Cavaleiro da Ordem de Malta e, com a morte deste em 1936, casou-se no ano de 1942, em Buenos Aires, com Don Luis Fernando Perez Sucre, o já referido arquiteto e pianista argentino

Era filha de Doña Blanca de Bourbon, uma princesa da mais antiga realeza europeia e pertencente à antiga família dos Habsburgos que, por sua vez, teve como pai Carlos de Bourbon, duque de Madrid, conhecido como Carlos VII, cujo antecedente mais antigo foi Carlos V, que dominava um império no século XV no qual o sol nunca se punha. Doña Blanca foi casada com o Arquiduque Leopoldo Salvador de Habsburgo-Lorena, falecido em 1936 durante a guerra civil espanhola. O nobre casal teve seis filhos, um dos quais foi Maria Antonia da qual estamos contando a história.

Leopoldo Salvador, Arquiduque da Áustria – Toscana com suas 5 filhas (A Arquiduquesa está sentada à esquerda de seu pai).

Arquiduque Leopoldo Salvador de Habsburgo-Lorena, pai de Maria Antonia.

A linhagem genealógica nobre da Arquiduquesa Maria Antonia

A seguir, reproduzimos o que se encontra registrado nos anais do citado Livro de Ghota sobre a arquiduquesa Maria Antonia e no Books of Kings, especializado na genealogia da nobreza europeia.

Maria Antonia Erzherzogin von Österreich

F, #111768, b. 13 July 1899, d. 22 October 1977

Maria Antonia Erzherzogin von Österreich was born on 13 July 1899 at Zagreb, Croatia. She was the daughter of Leopold Salvator Erzherzog von Österreich and Blanca de Castilla de Borbón, Infanta d'España.[1] *She married Don Ramon Orlandis y Villalonga on 16 July 1924 at Barcelona, Spain. She married Don Luis Perez Sucre in 1942 at Montevideo, Uruguay.* ***Maria Antonia died on 22 October 1977 at age 78 at Porto Alegre, Brazil.***
Maria Antonia Erzherzogin von Österreich gained the title of Erzherzogin von Österreich.[1]

Children of Maria Antonia Erzherzogin von Österreich and Don Ramon Orlandis y Villalonga

1. Blanca Maria Orlandis y Habsburgo+ b. 7 Sep 1926, d. 18 Dec 1969
2. Juan Orlandis-Hasburgo Villalonga, Baron de Pinopar+ b. 2 Jan 1928, d. 3 Apr 1977
3. Maria Antonia Orlandis y Habsburgo b. 28 Nov 1929, d. 1 Jul 1991
4. Isabel Orlandis y Habsburgo+ b. 12 Mar 1931
5. Maria Alfonsa Orlandis y Habsburgo b. 16 Feb 1936

Citations

1. *[S12] C. Arnold McNaughton, The Book of Kings: A Royal Genealogy, in 3 volumes (London, U.K.: Garnstone Press, 1973), volume 1, page 370. Hereinafter cited as The Book of Kings.*

Don Ramon Orlandis y Villalonga

M, #111769, b. 24 December 1896, d. 10 November 1936

Last Edited=12 Dec 2002

Don Ramon Orlandis y Villalonga was born on 24 December 1896 at Palma de Majorca, Balearic Islands, Spain. He married Maria Antonia Erzherzogin von Österreich, daughter of Leopold Salvator Erzherzog von Österreich and Blanca de Castilla de Borbón, Infanta d'España, on 16 July 1924 at Barcelona, Spain. He died on 10 November 1936 at age 39 at Palma de Majorca, Balearic Islands, Spain.

Citations

1. [S12] *C. Arnold McNaughton, The Book of Kings: A Royal Genealogy, in 3 volumes (London, U.K.: Garnstone Press, 1973), volume 1, page 370. Hereinafter cited as The Book of Kings.*

Don Luis Perez Sucre

M, #111770, d. after 1949

Last Edited=12 Dec 2002

Don Luis Perez Sucre married Maria Antonia Erzherzogin von Österreich, daughter of Leopold Salvator Erzherzog von Österreich and Blanca de Castilla de Borbón, Infanta d'España, in 1942 at Montevideo, Uruguay. He died after 1949 at Porto Alegre, Brazil.

Citations

1. [S12] *C. Arnold McNaughton, The Book of Kings: A Royal Genealogy, in 3 volumes (London, U.K.: Garnstone Press, 1973), volume 1, page 370. Hereinafter cited as The Book of Kings.*

O segundo filho de Maria Antonia chamava-se Juan Orlandis Habsburgo Villalonga, Barão de Pinopar, cuja participação do seu falecimento em 1977 reproduzimos a seguir.

EL ILUSTRISIMO SEÑOR

D. JUAN ORLANDIS-HABSBURGO VILLALONGA Y BORBON

Barón de Pinopar, Caballero de honor y devoción de la Soberana Orden de Malta

FALLECIÓ EN PALMA DE MALLORCA

EL DIA 3 DE ABRIL DE 1977

Habiendo recibido los Santos Sacramentos y bendición apostólica

R. I. P.

Su esposa, Hilda [illegible], baronesa viuda de Pinopar; sus hijos, Carmen, Ramón, Felipe, Hilda, Pilar, Marta, Cristina y Juanito; hijos políticos, Wladimir y Juan José; nietos; su madre, S. A. R. I. la archiduquesa María Antonia; su tía, doña Luisa Orlandis Villalonga; hermanos, hermanos políticos, sobrinos, tíos, primos y demás familia

RUEGAN una oración por su alma.

El funeral tendrá lugar hoy, martes, [illegible], a las [illegible] horas, en la Iglesia parroquial de San [illegible], de Palma de Mallorca.

Nota de falecimento em 1977 de Juan Orlandis, Barão de Pinopar, filho da Arquiduquesa Maria Antonia.

Uma de suas netas, Doña Pilar de Orlandis-Habsburgo, nascida em 1955, vive em Madrid e, gentilmente, nos forneceu preciosos dados e fotos de sua família reproduzidos neste livro

Duas irmãs de Maria Antonia ainda vivem em Palma de Mallorca, Doña Maria Isabel de Orlandis e Habsburgo, nascida em 1931, e Doña Maria Alfonsa de Orlandis e Habsburgo, nascida em 1935.

V
O final da vida de Maria Antonia

CERTAMENTE POR FALTA de melhores cuidados, a Arquiduquesa transmitia, a quem a visse, a imagem de abandono e desleixo pessoal. O riso descontraído logo é substituído por um olhar sério e quase de revolta quando fala da Espanha.

Prima do Rei da Espanha, pobre em Canoas (Zero Hora - 26/06/76).

Arquiduquesa em Canoas: "O ódio pela guerra e o gosto pela simplicidade" (*Zero Hora* (26/06/76).

Após a morte de Don Luis Fernando, a vida da Arquiduquesa piorou. Com suas roupas sujas e gastas ela passou a viver catando comida no Mercado Público. Suas mãos, antes bem tratadas e limpas, passaram a revirar latas a buscar quaisquer restos de alimentos para saciar sua fome e a de sua cadelinha Laica. Segundo o repórter de ZH que a entrevistou, Maria Antonia vinha a Porto Alegre uma ou duas vezes por semana falar com seu procurador, o advogado Elédio Lunardon. Afora isso, aproveitava para ir ao Mercado Público, além de visitar e conversar com seu amigo o professor de história George D´Alençon.

Certo dia, queixou-se a dois amigos que ainda a amparavam (os referidos Elédio Lunardon e George D'Alençon) de uma feridinha que notara no pescoço e que atribuía à uma picada de mosquito ou de aranha. Logo os dois, percebendo que a lesão era algo mais grave, conseguiram interná-la no Hospital Santa Rita graças à intermediação da Sra. Lígia Pratini de Morais e da Liga Feminina de Combate ao Câncer. Naquele centro oncológico, embora imediatamente atendida e bem tratada, veio a falecer em 22 de outubro de 1977.

AGRADECIMENTO

Elédio Antônio Lunardon e família, Georges Charles D'Orléans-Alençon e família, consternados com o desaparecimento de

Sua Alteza Imperial e Real a Senhora Arquiduquesa Maria Antonia de Habsburg Bourbon (Viúva Perez Sucre)

ocorrido no dia 22 do corrente, vêm externar sua enorme gratidão à Liga Feminina de Combate ao Câncer, à Direção do Hospital Santa Rita, aos Drs. Hertter, Júlio César, Marder e Egon e aos enfermeiros que a assistiram com dedicação e carinho; enfim, aos muitos amigos que, solidários diante da perda irreparável, se fizeram presentes no acompanhamento à sua última morada e assistiram à missa celebrada em sufrágio de sua bondosa alma, na Capela do Instituto Educacional São José.

Porto Alegre, 28 de outubro de 1977.

Nota de falecimento da Arquiduquesa Maria Antonia (Zero Hora, 28 de outubro de 1977).

REPÚBLICA FEDERATIVA DO BRASIL

ESTADO DO RIO GRANDE DO SUL

Poder Judiciário

SALVADOR SANTORO FORTES

OFICIAL DO REGISTRO CIVIL DAS PESSOAS NATURAIS
DA 4ª ZONA DA CIDADE DE PORTO ALEGRE

Sub-Oficiais: Ney Carvalho / [illegible] Cavalcante de Oliveira / [illegible] Rodrigues

Oficial Ajudante — [illegible] José Carneiro

NASCIMENTOS, CASAMENTOS E ÓBITOS

LIVRO C-17 FÔLHA 2 NÚMERO 5.402

CERTIFICO - que por me haver sido pedido, pela parte interessada, que revendo neste cartório o livro acima mencionado, nele, a fôlha e número também supra referidos encontrei o assentamento do teor seguinte: Aos vinte e dois dias do mês de outubro de mil novecentos e setenta e sete, nesta cidade de Porto Alegre e Ofício do Registro Civil das Pessoas Naturais da Quarta Zona, compareceu Georges Charles Philippe Marie d'Orleans e d'Abbeville-Alonçon, e exibindo atestado de óbito firmado pelo doutor Carlos Leonardo Cremer, dando como causa da morte: parada cárdio-respiratória, caquexia, câncer de cabeça e pescoço, senilidade, e declarou que no dia de hoje, às doze horas e quinze minutos, nesta cidade, no Hospital Santa Rita, faleceu a pessoa do sexo feminino, de cor branca: Maria Antonia Habsburgo Borbon de Perez Sucre, de profissão afazeres domésticos, natural da Áustria, brasileira, com setenta e oito anos de idade, domiciliada e residente nesta capital, na Avenida Senador Salgado Filho, duzentos e doze, apartamento sessenta e três, estado civil viúva de Luiz Fernando de Perez Sucre, com o

Nesta e na próxima página, o atestado do óbito da Arquiduquesa Maria Antonia.

qual casara em segundas núpcias, no México. Filha de Leopoldo Salvador de Habsburgo, natural da Áustria e de Blanca Borbon Borbon, natural da Espanha, ambos falecidos. A finada não deixou bens, deixou testamento e os seguintes filhos: Isabel, Antonia e Alfonsa, maiores, de idades ignoradas pelo comparecente, todos do primeiro matrimônio, não deixando filhos do segundo. O sepultamento será feito no cemitério da Irmandade São Miguel e Almas, desta capital.- Do que, para constar, datilografei este termo que lido e achado conforme, assina comigo o declarante, parente por afinidade da finada. O oficial ajudante - Edair José Carneiro. Georges Charles Philippe Marie d'Orleans e d'Abbeville-Alençon. Nada mais continha. O referido é verdade e dou fé. Porto Alegre, 28 de outubro de 1977.

Sailis Biazzetto Rodrigues
Sub-Oficial

Ofício do Registro Civil das Pessoas Naturais da 4.ª Zona de Porto Alegre
Nascimentos, Casamentos e Óbitos
Av. Osvaldo Aranha, 238
Oficial: SALVADOR SANTORO FORTES

RECEBI
Certidão Cr$ 11,00

AUTENTICAÇÃO FOTOSTÁTICA
CERTIFICO, de conformidade com a lei, que a presente fotocópia por mim conferida, nesta data, está igual ao original que me foi apresentado.
Porto Alegre, 05 JUN. 1978

Nº 37

VISTO en este Consulado de España bueno para legalizar la firma de Sailis Biazzetto [illegible] Sub Oficial del Registro Civil de la 4ª Zona de Porto Alegre por ser, al parecer, la que utiliza en sus escritos.
Porto Alegre, 1 JUN. 1978

El Cónsul de España

Miguel C. Díaz-Pache

CONSULADO DE ESPAÑA PORTO ALEGRE

Arquiduquesas Margarita e Maria Antonia com seus cães que foram disponibilizados para fins de guerra.